THE Expense TRACKER

Belongs To:

Name: _____

Company: _____

Address: _____

_____

Phone: _____

eMail: _____

THE *Expense* TRACKER

Tracker For:

Date	Expense / Description	Category	Amount	How Was It Paid (credit, cash, check, other)	Planned Y N
				cr ca ch o	☐ ☐
				cr ca ch o	☐ ☐
				cr ca ch o	☐ ☐
				cr ca ch o	☐ ☐
				cr ca ch o	☐ ☐
				cr ca ch o	☐ ☐
				cr ca ch o	☐ ☐
				cr ca ch o	☐ ☐
				cr ca ch o	☐ ☐
				cr ca ch o	☐ ☐
				cr ca ch o	☐ ☐
				cr ca ch o	☐ ☐
				cr ca ch o	☐ ☐
				cr ca ch o	☐ ☐
				cr ca ch o	☐ ☐
				cr ca ch o	☐ ☐
	Total Expenses				

Notes

THE *Expense* TRACKER

Tracker For: _____

Date	Expense / Description	Category	Amount	How Was It Paid (credit, cash, check, other)	Planned Y N
				cr ca ch o	☐ ☐
				cr ca ch o	☐ ☐
				cr ca ch o	☐ ☐
				cr ca ch o	☐ ☐
				cr ca ch o	☐ ☐
				cr ca ch o	☐ ☐
				cr ca ch o	☐ ☐
				cr ca ch o	☐ ☐
				cr ca ch o	☐ ☐
				cr ca ch o	☐ ☐
				cr ca ch o	☐ ☐
				cr ca ch o	☐ ☐
				cr ca ch o	☐ ☐
				cr ca ch o	☐ ☐
				cr ca ch o	☐ ☐
				cr ca ch o	☐ ☐
	Total Expenses				

Notes

THE *Expense* TRACKER

Tracker For:

Date	Expense / Description	Category	Amount	How Was It Paid (credit, cash, check, other)	Planned Y N
				cr ca ch o	☐ ☐
				cr ca ch o	☐ ☐
				cr ca ch o	☐ ☐
				cr ca ch o	☐ ☐
				cr ca ch o	☐ ☐
				cr ca ch o	☐ ☐
				cr ca ch o	☐ ☐
				cr ca ch o	☐ ☐
				cr ca ch o	☐ ☐
				cr ca ch o	☐ ☐
				cr ca ch o	☐ ☐
				cr ca ch o	☐ ☐
				cr ca ch o	☐ ☐
				cr ca ch o	☐ ☐
				cr ca ch o	☐ ☐
				cr ca ch o	☐ ☐
	Total Expenses				

Notes

THE *Expense* TRACKER

Tracker For:

Date	Expense / Description	Category	Amount	How Was It Paid (credit, cash, check, other)	Planned Y N
				cr ca ch o	☐ ☐
				cr ca ch o	☐ ☐
				cr ca ch o	☐ ☐
				cr ca ch o	☐ ☐
				cr ca ch o	☐ ☐
				cr ca ch o	☐ ☐
				cr ca ch o	☐ ☐
				cr ca ch o	☐ ☐
				cr ca ch o	☐ ☐
				cr ca ch o	☐ ☐
				cr ca ch o	☐ ☐
				cr ca ch o	☐ ☐
				cr ca ch o	☐ ☐
				cr ca ch o	☐ ☐
				cr ca ch o	☐ ☐
				cr ca ch o	☐ ☐
		Total Expenses			

Notes

THE *Expense* TRACKER

Tracker For:

Date	Expense / Description	Category	Amount	How Was It Paid (credit, cash, check, other)	Planned Y N
				cr ca ch o	☐ ☐
				cr ca ch o	☐ ☐
				cr ca ch o	☐ ☐
				cr ca ch o	☐ ☐
				cr ca ch o	☐ ☐
				cr ca ch o	☐ ☐
				cr ca ch o	☐ ☐
				cr ca ch o	☐ ☐
				cr ca ch o	☐ ☐
				cr ca ch o	☐ ☐
				cr ca ch o	☐ ☐
				cr ca ch o	☐ ☐
				cr ca ch o	☐ ☐
				cr ca ch o	☐ ☐
				cr ca ch o	☐ ☐
				cr ca ch o	☐ ☐
				cr ca ch o	☐ ☐
	Total Expenses				

Notes

THE Expense TRACKER

Tracker For:

Date	Expense / Description	Category	Amount	How Was It Paid (credit, cash, check, other)	Planned Y N
				cr ca ch o	☐ ☐
				cr ca ch o	☐ ☐
				cr ca ch o	☐ ☐
				cr ca ch o	☐ ☐
				cr ca ch o	☐ ☐
				cr ca ch o	☐ ☐
				cr ca ch o	☐ ☐
				cr ca ch o	☐ ☐
				cr ca ch o	☐ ☐
				cr ca ch o	☐ ☐
				cr ca ch o	☐ ☐
				cr ca ch o	☐ ☐
				cr ca ch o	☐ ☐
				cr ca ch o	☐ ☐
				cr ca ch o	☐ ☐
				cr ca ch o	☐ ☐
	Total Expenses				

Notes

THE *Expense* TRACKER

Tracker For:

Date	Expense / Description	Category	Amount	How Was It Paid (credit, cash, check, other)	Planned Y N
				cr ca ch o	☐ ☐
				cr ca ch o	☐ ☐
				cr ca ch o	☐ ☐
				cr ca ch o	☐ ☐
				cr ca ch o	☐ ☐
				cr ca ch o	☐ ☐
				cr ca ch o	☐ ☐
				cr ca ch o	☐ ☐
				cr ca ch o	☐ ☐
				cr ca ch o	☐ ☐
				cr ca ch o	☐ ☐
				cr ca ch o	☐ ☐
				cr ca ch o	☐ ☐
				cr ca ch o	☐ ☐
				cr ca ch o	☐ ☐
				cr ca ch o	☐ ☐
	Total Expenses				

Notes

THE Expense TRACKER

Tracker For: _____

Date	Expense / Description	Category	Amount	How Was It Paid (credit, cash, check, other)	Planned Y N
				cr ca ch o	☐ ☐
				cr ca ch o	☐ ☐
				cr ca ch o	☐ ☐
				cr ca ch o	☐ ☐
				cr ca ch o	☐ ☐
				cr ca ch o	☐ ☐
				cr ca ch o	☐ ☐
				cr ca ch o	☐ ☐
				cr ca ch o	☐ ☐
				cr ca ch o	☐ ☐
				cr ca ch o	☐ ☐
				cr ca ch o	☐ ☐
				cr ca ch o	☐ ☐
				cr ca ch o	☐ ☐
				cr ca ch o	☐ ☐
				cr ca ch o	☐ ☐
	Total Expenses				

Notes

THE Expense TRACKER

Tracker For: _____

Date	Expense / Description	Category	Amount	How Was It Paid (credit, cash, check, other)	Planned Y N
				cr ca ch o	☐ ☐
				cr ca ch o	☐ ☐
				cr ca ch o	☐ ☐
				cr ca ch o	☐ ☐
				cr ca ch o	☐ ☐
				cr ca ch o	☐ ☐
				cr ca ch o	☐ ☐
				cr ca ch o	☐ ☐
				cr ca ch o	☐ ☐
				cr ca ch o	☐ ☐
				cr ca ch o	☐ ☐
				cr ca ch o	☐ ☐
				cr ca ch o	☐ ☐
				cr ca ch o	☐ ☐
				cr ca ch o	☐ ☐
				cr ca ch o	☐ ☐
				cr ca ch o	☐ ☐
	Total Expenses				

Notes

THE *Expense* TRACKER

Tracker For: _____

Date	Expense / Description	Category	Amount	How Was It Paid (credit, cash, check, other)	Planned Y N
				cr ca ch o	☐ ☐
				cr ca ch o	☐ ☐
				cr ca ch o	☐ ☐
				cr ca ch o	☐ ☐
				cr ca ch o	☐ ☐
				cr ca ch o	☐ ☐
				cr ca ch o	☐ ☐
				cr ca ch o	☐ ☐
				cr ca ch o	☐ ☐
				cr ca ch o	☐ ☐
				cr ca ch o	☐ ☐
				cr ca ch o	☐ ☐
				cr ca ch o	☐ ☐
				cr ca ch o	☐ ☐
				cr ca ch o	☐ ☐
				cr ca ch o	☐ ☐
				cr ca ch o	☐ ☐
	Total Expenses				

Notes

THE *Expense* TRACKER

Tracker For: _____

Date	Expense / Description	Category	Amount	How Was It Paid (credit, cash, check, other)	Planned Y N
				cr ca ch o	☐ ☐
				cr ca ch o	☐ ☐
				cr ca ch o	☐ ☐
				cr ca ch o	☐ ☐
				cr ca ch o	☐ ☐
				cr ca ch o	☐ ☐
				cr ca ch o	☐ ☐
				cr ca ch o	☐ ☐
				cr ca ch o	☐ ☐
				cr ca ch o	☐ ☐
				cr ca ch o	☐ ☐
				cr ca ch o	☐ ☐
				cr ca ch o	☐ ☐
				cr ca ch o	☐ ☐
				cr ca ch o	☐ ☐
				cr ca ch o	☐ ☐
	Total Expenses				

Notes

THE Expense TRACKER

Tracker For:

Date	Expense / Description	Category	Amount	How Was It Paid (credit, cash, check, other)	Planned Y N
				cr ca ch o	☐ ☐
				cr ca ch o	☐ ☐
				cr ca ch o	☐ ☐
				cr ca ch o	☐ ☐
				cr ca ch o	☐ ☐
				cr ca ch o	☐ ☐
				cr ca ch o	☐ ☐
				cr ca ch o	☐ ☐
				cr ca ch o	☐ ☐
				cr ca ch o	☐ ☐
				cr ca ch o	☐ ☐
				cr ca ch o	☐ ☐
				cr ca ch o	☐ ☐
				cr ca ch o	☐ ☐
				cr ca ch o	☐ ☐
				cr ca ch o	☐ ☐
				cr ca ch o	☐ ☐
	Total Expenses				

Notes

THE Expense TRACKER

Tracker For:

Date	Expense / Description	Category	Amount	How Was It Paid (credit, cash, check, other)	Planned Y N
				cr ca ch o	☐ ☐
				cr ca ch o	☐ ☐
				cr ca ch o	☐ ☐
				cr ca ch o	☐ ☐
				cr ca ch o	☐ ☐
				cr ca ch o	☐ ☐
				cr ca ch o	☐ ☐
				cr ca ch o	☐ ☐
				cr ca ch o	☐ ☐
				cr ca ch o	☐ ☐
				cr ca ch o	☐ ☐
				cr ca ch o	☐ ☐
				cr ca ch o	☐ ☐
				cr ca ch o	☐ ☐
				cr ca ch o	☐ ☐
				cr ca ch o	☐ ☐
				cr ca ch o	☐ ☐
	Total Expenses				

Notes

THE *Expense* TRACKER

Tracker For:

Date	Expense / Description	Category	Amount	How Was It Paid (credit, cash, check, other)	Planned Y N
				cr ca ch o	☐ ☐
				cr ca ch o	☐ ☐
				cr ca ch o	☐ ☐
				cr ca ch o	☐ ☐
				cr ca ch o	☐ ☐
				cr ca ch o	☐ ☐
				cr ca ch o	☐ ☐
				cr ca ch o	☐ ☐
				cr ca ch o	☐ ☐
				cr ca ch o	☐ ☐
				cr ca ch o	☐ ☐
				cr ca ch o	☐ ☐
				cr ca ch o	☐ ☐
				cr ca ch o	☐ ☐
				cr ca ch o	☐ ☐
		Total Expenses			

Notes

THE *Expense* TRACKER

Tracker For:

Date	Expense / Description	Category	Amount	How Was It Paid (credit, cash, check, other)	Planned Y N
				cr ca ch o	☐ ☐
				cr ca ch o	☐ ☐
				cr ca ch o	☐ ☐
				cr ca ch o	☐ ☐
				cr ca ch o	☐ ☐
				cr ca ch o	☐ ☐
				cr ca ch o	☐ ☐
				cr ca ch o	☐ ☐
				cr ca ch o	☐ ☐
				cr ca ch o	☐ ☐
				cr ca ch o	☐ ☐
				cr ca ch o	☐ ☐
				cr ca ch o	☐ ☐
				cr ca ch o	☐ ☐
				cr ca ch o	☐ ☐
				cr ca ch o	☐ ☐
				cr ca ch o	☐ ☐
Total Expenses					

Notes

THE Expense TRACKER

Tracker For: _____

Date	Expense / Description	Category	Amount	How Was It Paid (credit, cash, check, other)	Planned Y N
				cr ca ch o	☐ ☐
				cr ca ch o	☐ ☐
				cr ca ch o	☐ ☐
				cr ca ch o	☐ ☐
				cr ca ch o	☐ ☐
				cr ca ch o	☐ ☐
				cr ca ch o	☐ ☐
				cr ca ch o	☐ ☐
				cr ca ch o	☐ ☐
				cr ca ch o	☐ ☐
				cr ca ch o	☐ ☐
				cr ca ch o	☐ ☐
				cr ca ch o	☐ ☐
				cr ca ch o	☐ ☐
				cr ca ch o	☐ ☐
				cr ca ch o	☐ ☐
	Total Expenses				

Notes

THE *Expense* TRACKER

Tracker For:

Date	Expense / Description	Category	Amount	How Was It Paid (credit, cash, check, other)	Planned Y N
				cr ca ch o	☐ ☐
				cr ca ch o	☐ ☐
				cr ca ch o	☐ ☐
				cr ca ch o	☐ ☐
				cr ca ch o	☐ ☐
				cr ca ch o	☐ ☐
				cr ca ch o	☐ ☐
				cr ca ch o	☐ ☐
				cr ca ch o	☐ ☐
				cr ca ch o	☐ ☐
				cr ca ch o	☐ ☐
				cr ca ch o	☐ ☐
				cr ca ch o	☐ ☐
				cr ca ch o	☐ ☐
				cr ca ch o	☐ ☐
				cr ca ch o	☐ ☐
				cr ca ch o	☐ ☐
	Total Expenses				

Notes

THE *Expense* TRACKER

Tracker For: _____

Date	Expense / Description	Category	Amount	How Was It Paid (credit, cash, check, other)	Planned Y N
				cr ca ch o	☐ ☐
				cr ca ch o	☐ ☐
				cr ca ch o	☐ ☐
				cr ca ch o	☐ ☐
				cr ca ch o	☐ ☐
				cr ca ch o	☐ ☐
				cr ca ch o	☐ ☐
				cr ca ch o	☐ ☐
				cr ca ch o	☐ ☐
				cr ca ch o	☐ ☐
				cr ca ch o	☐ ☐
				cr ca ch o	☐ ☐
				cr ca ch o	☐ ☐
				cr ca ch o	☐ ☐
				cr ca ch o	☐ ☐
				cr ca ch o	☐ ☐
	Total Expenses				

Notes

THE *Expense* TRACKER

Tracker For: _____

Date	Expense / Description	Category	Amount	How Was It Paid (credit, cash, check, other)	Planned Y N
				cr ca ch o	☐ ☐
				cr ca ch o	☐ ☐
				cr ca ch o	☐ ☐
				cr ca ch o	☐ ☐
				cr ca ch o	☐ ☐
				cr ca ch o	☐ ☐
				cr ca ch o	☐ ☐
				cr ca ch o	☐ ☐
				cr ca ch o	☐ ☐
				cr ca ch o	☐ ☐
				cr ca ch o	☐ ☐
				cr ca ch o	☐ ☐
				cr ca ch o	☐ ☐
				cr ca ch o	☐ ☐
				cr ca ch o	☐ ☐
	Total Expenses				

Notes

THE Expense TRACKER

Tracker For: _____

Date	Expense / Description	Category	Amount	How Was It Paid (credit, cash, check, other)	Planned Y N
				cr ca ch o	☐ ☐
				cr ca ch o	☐ ☐
				cr ca ch o	☐ ☐
				cr ca ch o	☐ ☐
				cr ca ch o	☐ ☐
				cr ca ch o	☐ ☐
				cr ca ch o	☐ ☐
				cr ca ch o	☐ ☐
				cr ca ch o	☐ ☐
				cr ca ch o	☐ ☐
				cr ca ch o	☐ ☐
				cr ca ch o	☐ ☐
				cr ca ch o	☐ ☐
				cr ca ch o	☐ ☐
				cr ca ch o	☐ ☐
				cr ca ch o	☐ ☐
	Total Expenses				

Notes

THE *Expense* TRACKER

Tracker For:

Date	Expense / Description	Category	Amount	How Was It Paid (credit, cash, check, other)	Planned Y N
				cr ca ch o	☐ ☐
				cr ca ch o	☐ ☐
				cr ca ch o	☐ ☐
				cr ca ch o	☐ ☐
				cr ca ch o	☐ ☐
				cr ca ch o	☐ ☐
				cr ca ch o	☐ ☐
				cr ca ch o	☐ ☐
				cr ca ch o	☐ ☐
				cr ca ch o	☐ ☐
				cr ca ch o	☐ ☐
				cr ca ch o	☐ ☐
				cr ca ch o	☐ ☐
				cr ca ch o	☐ ☐
				cr ca ch o	☐ ☐
				cr ca ch o	☐ ☐
	Total Expenses				

Notes

THE *Expense* TRACKER

Tracker For:

Date	Expense / Description	Category	Amount	How Was It Paid (credit, cash, check, other)				Planned	
				cr	ca	ch	o	Y	N
				cr	ca	ch	o		
				cr	ca	ch	o		
				cr	ca	ch	o		
				cr	ca	ch	o		
				cr	ca	ch	o		
				cr	ca	ch	o		
				cr	ca	ch	o		
				cr	ca	ch	o		
				cr	ca	ch	o		
				cr	ca	ch	o		
				cr	ca	ch	o		
				cr	ca	ch	o		
				cr	ca	ch	o		
				cr	ca	ch	o		
				cr	ca	ch	o		
				cr	ca	ch	o		
		Total Expenses							

Notes

THE *Expense* TRACKER

Tracker For: _____

Date	Expense / Description	Category	Amount	How Was It Paid (credit, cash, check, other)	Planned Y N
				cr ca ch o	☐ ☐
				cr ca ch o	☐ ☐
				cr ca ch o	☐ ☐
				cr ca ch o	☐ ☐
				cr ca ch o	☐ ☐
				cr ca ch o	☐ ☐
				cr ca ch o	☐ ☐
				cr ca ch o	☐ ☐
				cr ca ch o	☐ ☐
				cr ca ch o	☐ ☐
				cr ca ch o	☐ ☐
				cr ca ch o	☐ ☐
				cr ca ch o	☐ ☐
				cr ca ch o	☐ ☐
				cr ca ch o	☐ ☐
	Total Expenses				

Notes

THE Expense TRACKER

Tracker For: _____

Date	Expense / Description	Category	Amount	How Was It Paid (credit, cash, check, other)	Planned Y N
				cr ca ch o	☐ ☐
				cr ca ch o	☐ ☐
				cr ca ch o	☐ ☐
				cr ca ch o	☐ ☐
				cr ca ch o	☐ ☐
				cr ca ch o	☐ ☐
				cr ca ch o	☐ ☐
				cr ca ch o	☐ ☐
				cr ca ch o	☐ ☐
				cr ca ch o	☐ ☐
				cr ca ch o	☐ ☐
				cr ca ch o	☐ ☐
				cr ca ch o	☐ ☐
				cr ca ch o	☐ ☐
				cr ca ch o	☐ ☐
				cr ca ch o	☐ ☐
	Total Expenses				

Notes

THE *Expense* TRACKER

Tracker For:

Date	Expense / Description	Category	Amount	How Was It Paid (credit, cash, check, other)	Planned Y N
				cr ca ch o	☐ ☐
				cr ca ch o	☐ ☐
				cr ca ch o	☐ ☐
				cr ca ch o	☐ ☐
				cr ca ch o	☐ ☐
				cr ca ch o	☐ ☐
				cr ca ch o	☐ ☐
				cr ca ch o	☐ ☐
				cr ca ch o	☐ ☐
				cr ca ch o	☐ ☐
				cr ca ch o	☐ ☐
				cr ca ch o	☐ ☐
				cr ca ch o	☐ ☐
				cr ca ch o	☐ ☐
				cr ca ch o	☐ ☐
				cr ca ch o	☐ ☐
	Total Expenses				

Notes

THE *Expense* TRACKER

Tracker For:

Date	Expense / Description	Category	Amount	How Was It Paid (credit, cash, check, other)	Planned Y N
				cr ca ch o	
				cr ca ch o	
				cr ca ch o	
				cr ca ch o	
				cr ca ch o	
				cr ca ch o	
				cr ca ch o	
				cr ca ch o	
				cr ca ch o	
				cr ca ch o	
				cr ca ch o	
				cr ca ch o	
				cr ca ch o	
				cr ca ch o	
				cr ca ch o	
				cr ca ch o	
	Total Expenses				

Notes

THE *Expense* TRACKER

Tracker For:

Date	Expense / Description	Category	Amount	How Was It Paid (credit, cash, check, other)	Planned Y N
				cr ca ch o	☐ ☐
				cr ca ch o	☐ ☐
				cr ca ch o	☐ ☐
				cr ca ch o	☐ ☐
				cr ca ch o	☐ ☐
				cr ca ch o	☐ ☐
				cr ca ch o	☐ ☐
				cr ca ch o	☐ ☐
				cr ca ch o	☐ ☐
				cr ca ch o	☐ ☐
				cr ca ch o	☐ ☐
				cr ca ch o	☐ ☐
				cr ca ch o	☐ ☐
				cr ca ch o	☐ ☐
				cr ca ch o	☐ ☐
				cr ca ch o	☐ ☐
	Total Expenses				

Notes

THE *Expense* TRACKER

Tracker For: _____

Date	Expense / Description	Category	Amount	How Was It Paid (credit, cash, check, other)	Planned Y N
				cr ca ch o	☐ ☐
				cr ca ch o	☐ ☐
				cr ca ch o	☐ ☐
				cr ca ch o	☐ ☐
				cr ca ch o	☐ ☐
				cr ca ch o	☐ ☐
				cr ca ch o	☐ ☐
				cr ca ch o	☐ ☐
				cr ca ch o	☐ ☐
				cr ca ch o	☐ ☐
				cr ca ch o	☐ ☐
				cr ca ch o	☐ ☐
				cr ca ch o	☐ ☐
				cr ca ch o	☐ ☐
				cr ca ch o	☐ ☐
				cr ca ch o	☐ ☐
Total Expenses					

Notes

THE *Expense* TRACKER

Tracker For:

Date	Expense / Description	Category	Amount	How Was It Paid (credit, cash, check, other)	Planned Y N
				cr ca ch o	☐ ☐
				cr ca ch o	☐ ☐
				cr ca ch o	☐ ☐
				cr ca ch o	☐ ☐
				cr ca ch o	☐ ☐
				cr ca ch o	☐ ☐
				cr ca ch o	☐ ☐
				cr ca ch o	☐ ☐
				cr ca ch o	☐ ☐
				cr ca ch o	☐ ☐
				cr ca ch o	☐ ☐
				cr ca ch o	☐ ☐
				cr ca ch o	☐ ☐
				cr ca ch o	☐ ☐
				cr ca ch o	☐ ☐
				cr ca ch o	☐ ☐
	Total Expenses				

Notes

THE *Expense* TRACKER

Tracker For: _____

Date	Expense / Description	Category	Amount	How Was It Paid (credit, cash, check, other)	Planned Y N
				cr ca ch o	☐ ☐
				cr ca ch o	☐ ☐
				cr ca ch o	☐ ☐
				cr ca ch o	☐ ☐
				cr ca ch o	☐ ☐
				cr ca ch o	☐ ☐
				cr ca ch o	☐ ☐
				cr ca ch o	☐ ☐
				cr ca ch o	☐ ☐
				cr ca ch o	☐ ☐
				cr ca ch o	☐ ☐
				cr ca ch o	☐ ☐
				cr ca ch o	☐ ☐
				cr ca ch o	☐ ☐
				cr ca ch o	☐ ☐
				cr ca ch o	☐ ☐
				cr ca ch o	☐ ☐
	Total Expenses				

Notes

THE *Expense* TRACKER

Tracker For: _____

Date	Expense / Description	Category	Amount	How Was It Paid (credit, cash, check, other)	Planned Y N
				cr ca ch o	☐ ☐
				cr ca ch o	☐ ☐
				cr ca ch o	☐ ☐
				cr ca ch o	☐ ☐
				cr ca ch o	☐ ☐
				cr ca ch o	☐ ☐
				cr ca ch o	☐ ☐
				cr ca ch o	☐ ☐
				cr ca ch o	☐ ☐
				cr ca ch o	☐ ☐
				cr ca ch o	☐ ☐
				cr ca ch o	☐ ☐
				cr ca ch o	☐ ☐
				cr ca ch o	☐ ☐
				cr ca ch o	☐ ☐
				cr ca ch o	☐ ☐
	Total Expenses				

Notes

THE Expense TRACKER

Tracker For:

Date	Expense / Description	Category	Amount	How Was It Paid (credit, cash, check, other)	Planned Y N
				cr ca ch o	☐ ☐
				cr ca ch o	☐ ☐
				cr ca ch o	☐ ☐
				cr ca ch o	☐ ☐
				cr ca ch o	☐ ☐
				cr ca ch o	☐ ☐
				cr ca ch o	☐ ☐
				cr ca ch o	☐ ☐
				cr ca ch o	☐ ☐
				cr ca ch o	☐ ☐
				cr ca ch o	☐ ☐
				cr ca ch o	☐ ☐
				cr ca ch o	☐ ☐
				cr ca ch o	☐ ☐
				cr ca ch o	☐ ☐
				cr ca ch o	☐ ☐
	Total Expenses				

Notes

THE *Expense* TRACKER

Tracker For:

Date	Expense / Description	Category	Amount	How Was It Paid (credit, cash, check, other)	Planned Y N
				cr ca ch o	☐ ☐
				cr ca ch o	☐ ☐
				cr ca ch o	☐ ☐
				cr ca ch o	☐ ☐
				cr ca ch o	☐ ☐
				cr ca ch o	☐ ☐
				cr ca ch o	☐ ☐
				cr ca ch o	☐ ☐
				cr ca ch o	☐ ☐
				cr ca ch o	☐ ☐
				cr ca ch o	☐ ☐
				cr ca ch o	☐ ☐
				cr ca ch o	☐ ☐
				cr ca ch o	☐ ☐
				cr ca ch o	☐ ☐
				cr ca ch o	☐ ☐
	Total Expenses				

Notes

THE *Expense* TRACKER

Tracker For:

Date	Expense / Description	Category	Amount	How Was It Paid (credit, cash, check, other)	Planned Y N
				cr ca ch o	☐ ☐
				cr ca ch o	☐ ☐
				cr ca ch o	☐ ☐
				cr ca ch o	☐ ☐
				cr ca ch o	☐ ☐
				cr ca ch o	☐ ☐
				cr ca ch o	☐ ☐
				cr ca ch o	☐ ☐
				cr ca ch o	☐ ☐
				cr ca ch o	☐ ☐
				cr ca ch o	☐ ☐
				cr ca ch o	☐ ☐
				cr ca ch o	☐ ☐
				cr ca ch o	☐ ☐
				cr ca ch o	☐ ☐
				cr ca ch o	☐ ☐
	Total Expenses				

Notes

THE *Expense* TRACKER

Tracker For:

Date	Expense / Description	Category	Amount	How Was It Paid (credit, cash, check, other)	Planned Y N
				cr ca ch o	☐ ☐
				cr ca ch o	☐ ☐
				cr ca ch o	☐ ☐
				cr ca ch o	☐ ☐
				cr ca ch o	☐ ☐
				cr ca ch o	☐ ☐
				cr ca ch o	☐ ☐
				cr ca ch o	☐ ☐
				cr ca ch o	☐ ☐
				cr ca ch o	☐ ☐
				cr ca ch o	☐ ☐
				cr ca ch o	☐ ☐
				cr ca ch o	☐ ☐
				cr ca ch o	☐ ☐
				cr ca ch o	☐ ☐
				cr ca ch o	☐ ☐
				cr ca ch o	☐ ☐
	Total Expenses				

Notes

THE Expense TRACKER

Tracker For: _____

Date	Expense / Description	Category	Amount	How Was It Paid (credit, cash, check, other)	Planned Y N
				cr ca ch o	☐ ☐
				cr ca ch o	☐ ☐
				cr ca ch o	☐ ☐
				cr ca ch o	☐ ☐
				cr ca ch o	☐ ☐
				cr ca ch o	☐ ☐
				cr ca ch o	☐ ☐
				cr ca ch o	☐ ☐
				cr ca ch o	☐ ☐
				cr ca ch o	☐ ☐
				cr ca ch o	☐ ☐
				cr ca ch o	☐ ☐
				cr ca ch o	☐ ☐
				cr ca ch o	☐ ☐
				cr ca ch o	☐ ☐
				cr ca ch o	☐ ☐
				cr ca ch o	☐ ☐
Total Expenses					

Notes

THE *Expense* TRACKER

Tracker For: _____

Date	Expense / Description	Category	Amount	How Was It Paid (credit, cash, check, other)	Planned Y N
				cr ca ch o	☐ ☐
				cr ca ch o	☐ ☐
				cr ca ch o	☐ ☐
				cr ca ch o	☐ ☐
				cr ca ch o	☐ ☐
				cr ca ch o	☐ ☐
				cr ca ch o	☐ ☐
				cr ca ch o	☐ ☐
				cr ca ch o	☐ ☐
				cr ca ch o	☐ ☐
				cr ca ch o	☐ ☐
				cr ca ch o	☐ ☐
				cr ca ch o	☐ ☐
				cr ca ch o	☐ ☐
				cr ca ch o	☐ ☐
				cr ca ch o	☐ ☐
	Total Expenses				

Notes

THE Expense TRACKER

Tracker For: _____

Date	Expense / Description	Category	Amount	How Was It Paid (credit, cash, check, other)	Planned Y N
				cr ca ch o	☐ ☐
				cr ca ch o	☐ ☐
				cr ca ch o	☐ ☐
				cr ca ch o	☐ ☐
				cr ca ch o	☐ ☐
				cr ca ch o	☐ ☐
				cr ca ch o	☐ ☐
				cr ca ch o	☐ ☐
				cr ca ch o	☐ ☐
				cr ca ch o	☐ ☐
				cr ca ch o	☐ ☐
				cr ca ch o	☐ ☐
				cr ca ch o	☐ ☐
				cr ca ch o	☐ ☐
				cr ca ch o	☐ ☐
				cr ca ch o	☐ ☐
	Total Expenses				

Notes

THE *Expense* TRACKER

Tracker For:

Date	Expense / Description	Category	Amount	How Was It Paid (credit, cash, check, other)	Planned Y N
				cr ca ch o	☐ ☐
				cr ca ch o	☐ ☐
				cr ca ch o	☐ ☐
				cr ca ch o	☐ ☐
				cr ca ch o	☐ ☐
				cr ca ch o	☐ ☐
				cr ca ch o	☐ ☐
				cr ca ch o	☐ ☐
				cr ca ch o	☐ ☐
				cr ca ch o	☐ ☐
				cr ca ch o	☐ ☐
				cr ca ch o	☐ ☐
				cr ca ch o	☐ ☐
				cr ca ch o	☐ ☐
				cr ca ch o	☐ ☐
				cr ca ch o	☐ ☐
	Total Expenses				

Notes

THE *Expense* TRACKER

Tracker For:

Date	Expense / Description	Category	Amount	How Was It Paid (credit, cash, check, other)	Planned Y N
				cr ca ch o	☐ ☐
				cr ca ch o	☐ ☐
				cr ca ch o	☐ ☐
				cr ca ch o	☐ ☐
				cr ca ch o	☐ ☐
				cr ca ch o	☐ ☐
				cr ca ch o	☐ ☐
				cr ca ch o	☐ ☐
				cr ca ch o	☐ ☐
				cr ca ch o	☐ ☐
				cr ca ch o	☐ ☐
				cr ca ch o	☐ ☐
				cr ca ch o	☐ ☐
				cr ca ch o	☐ ☐
				cr ca ch o	☐ ☐
				cr ca ch o	☐ ☐
	Total Expenses				

Notes

THE *Expense* TRACKER

Tracker For:

Date	Expense / Description	Category	Amount	How Was It Paid (credit, cash, check, other)	Planned Y N
				cr ca ch o	☐ ☐
				cr ca ch o	☐ ☐
				cr ca ch o	☐ ☐
				cr ca ch o	☐ ☐
				cr ca ch o	☐ ☐
				cr ca ch o	☐ ☐
				cr ca ch o	☐ ☐
				cr ca ch o	☐ ☐
				cr ca ch o	☐ ☐
				cr ca ch o	☐ ☐
				cr ca ch o	☐ ☐
				cr ca ch o	☐ ☐
				cr ca ch o	☐ ☐
				cr ca ch o	☐ ☐
				cr ca ch o	☐ ☐
				cr ca ch o	☐ ☐
				cr ca ch o	☐ ☐
	Total Expenses				

Notes

THE Expense TRACKER

Tracker For:

Date	Expense / Description	Category	Amount	How Was It Paid (credit, cash, check, other)	Planned Y N
				cr ca ch o	☐ ☐
				cr ca ch o	☐ ☐
				cr ca ch o	☐ ☐
				cr ca ch o	☐ ☐
				cr ca ch o	☐ ☐
				cr ca ch o	☐ ☐
				cr ca ch o	☐ ☐
				cr ca ch o	☐ ☐
				cr ca ch o	☐ ☐
				cr ca ch o	☐ ☐
				cr ca ch o	☐ ☐
				cr ca ch o	☐ ☐
				cr ca ch o	☐ ☐
				cr ca ch o	☐ ☐
				cr ca ch o	☐ ☐
				cr ca ch o	☐ ☐
				cr ca ch o	☐ ☐
	Total Expenses				

Notes

THE *Expense* TRACKER

Tracker For: _____

Date	Expense / Description	Category	Amount	How Was It Paid (credit, cash, check, other)	Planned Y N
				cr ca ch o	☐ ☐
				cr ca ch o	☐ ☐
				cr ca ch o	☐ ☐
				cr ca ch o	☐ ☐
				cr ca ch o	☐ ☐
				cr ca ch o	☐ ☐
				cr ca ch o	☐ ☐
				cr ca ch o	☐ ☐
				cr ca ch o	☐ ☐
				cr ca ch o	☐ ☐
				cr ca ch o	☐ ☐
				cr ca ch o	☐ ☐
				cr ca ch o	☐ ☐
				cr ca ch o	☐ ☐
				cr ca ch o	☐ ☐
				cr ca ch o	☐ ☐
				cr ca ch o	☐ ☐
	Total Expenses				

Notes

THE *Expense* TRACKER

Tracker For:

Date	Expense / Description	Category	Amount	How Was It Paid (credit, cash, check, other)	Planned Y N
				cr ca ch o	☐ ☐
				cr ca ch o	☐ ☐
				cr ca ch o	☐ ☐
				cr ca ch o	☐ ☐
				cr ca ch o	☐ ☐
				cr ca ch o	☐ ☐
				cr ca ch o	☐ ☐
				cr ca ch o	☐ ☐
				cr ca ch o	☐ ☐
				cr ca ch o	☐ ☐
				cr ca ch o	☐ ☐
				cr ca ch o	☐ ☐
				cr ca ch o	☐ ☐
				cr ca ch o	☐ ☐
				cr ca ch o	☐ ☐
				cr ca ch o	☐ ☐
	Total Expenses				

Notes

THE *Expense* TRACKER

Tracker For:

Date	Expense / Description	Category	Amount	How Was It Paid (credit, cash, check, other)	Planned Y N
				cr ca ch o	☐ ☐
				cr ca ch o	☐ ☐
				cr ca ch o	☐ ☐
				cr ca ch o	☐ ☐
				cr ca ch o	☐ ☐
				cr ca ch o	☐ ☐
				cr ca ch o	☐ ☐
				cr ca ch o	☐ ☐
				cr ca ch o	☐ ☐
				cr ca ch o	☐ ☐
				cr ca ch o	☐ ☐
				cr ca ch o	☐ ☐
				cr ca ch o	☐ ☐
				cr ca ch o	☐ ☐
				cr ca ch o	☐ ☐
				cr ca ch o	☐ ☐
				cr ca ch o	☐ ☐
	Total Expenses				

Notes

THE Expense TRACKER

Tracker For:

Date	Expense / Description	Category	Amount	How Was It Paid (credit, cash, check, other)	Planned Y N
				cr ca ch o	☐ ☐
				cr ca ch o	☐ ☐
				cr ca ch o	☐ ☐
				cr ca ch o	☐ ☐
				cr ca ch o	☐ ☐
				cr ca ch o	☐ ☐
				cr ca ch o	☐ ☐
				cr ca ch o	☐ ☐
				cr ca ch o	☐ ☐
				cr ca ch o	☐ ☐
				cr ca ch o	☐ ☐
				cr ca ch o	☐ ☐
				cr ca ch o	☐ ☐
				cr ca ch o	☐ ☐
				cr ca ch o	☐ ☐
				cr ca ch o	☐ ☐
	Total Expenses				

Notes

THE Expense TRACKER

Tracker For:

Date	Expense / Description	Category	Amount	How Was It Paid (credit, cash, check, other)	Planned Y N
				cr ca ch o	☐ ☐
				cr ca ch o	☐ ☐
				cr ca ch o	☐ ☐
				cr ca ch o	☐ ☐
				cr ca ch o	☐ ☐
				cr ca ch o	☐ ☐
				cr ca ch o	☐ ☐
				cr ca ch o	☐ ☐
				cr ca ch o	☐ ☐
				cr ca ch o	☐ ☐
				cr ca ch o	☐ ☐
				cr ca ch o	☐ ☐
				cr ca ch o	☐ ☐
				cr ca ch o	☐ ☐
				cr ca ch o	☐ ☐
				cr ca ch o	☐ ☐
	Total Expenses				

Notes

THE *Expense* TRACKER

Tracker For:

Date	Expense / Description	Category	Amount	How Was It Paid (credit, cash, check, other)	Planned Y N
				cr ca ch o	☐ ☐
				cr ca ch o	☐ ☐
				cr ca ch o	☐ ☐
				cr ca ch o	☐ ☐
				cr ca ch o	☐ ☐
				cr ca ch o	☐ ☐
				cr ca ch o	☐ ☐
				cr ca ch o	☐ ☐
				cr ca ch o	☐ ☐
				cr ca ch o	☐ ☐
				cr ca ch o	☐ ☐
				cr ca ch o	☐ ☐
				cr ca ch o	☐ ☐
				cr ca ch o	☐ ☐
				cr ca ch o	☐ ☐
				cr ca ch o	☐ ☐
	Total Expenses				

Notes

THE *Expense* TRACKER

Tracker For: _____

Date	Expense / Description	Category	Amount	How Was It Paid (credit, cash, check, other)	Planned Y N
				cr ca ch o	☐ ☐
				cr ca ch o	☐ ☐
				cr ca ch o	☐ ☐
				cr ca ch o	☐ ☐
				cr ca ch o	☐ ☐
				cr ca ch o	☐ ☐
				cr ca ch o	☐ ☐
				cr ca ch o	☐ ☐
				cr ca ch o	☐ ☐
				cr ca ch o	☐ ☐
				cr ca ch o	☐ ☐
				cr ca ch o	☐ ☐
				cr ca ch o	☐ ☐
				cr ca ch o	☐ ☐
				cr ca ch o	☐ ☐
				cr ca ch o	☐ ☐
				cr ca ch o	☐ ☐

Total Expenses _____

Notes
_____
_____

THE Expense TRACKER

Tracker For: _____

Date	Expense / Description	Category	Amount	How Was It Paid (credit, cash, check, other)	Planned Y N
				cr ca ch o	☐ ☐
				cr ca ch o	☐ ☐
				cr ca ch o	☐ ☐
				cr ca ch o	☐ ☐
				cr ca ch o	☐ ☐
				cr ca ch o	☐ ☐
				cr ca ch o	☐ ☐
				cr ca ch o	☐ ☐
				cr ca ch o	☐ ☐
				cr ca ch o	☐ ☐
				cr ca ch o	☐ ☐
				cr ca ch o	☐ ☐
				cr ca ch o	☐ ☐
				cr ca ch o	☐ ☐
				cr ca ch o	☐ ☐
				cr ca ch o	☐ ☐
	Total Expenses				

Notes

THE *Expense* TRACKER

Tracker For:

Date	Expense / Description	Category	Amount	How Was It Paid (credit, cash, check, other)	Planned Y N
				cr ca ch o	☐ ☐
				cr ca ch o	☐ ☐
				cr ca ch o	☐ ☐
				cr ca ch o	☐ ☐
				cr ca ch o	☐ ☐
				cr ca ch o	☐ ☐
				cr ca ch o	☐ ☐
				cr ca ch o	☐ ☐
				cr ca ch o	☐ ☐
				cr ca ch o	☐ ☐
				cr ca ch o	☐ ☐
				cr ca ch o	☐ ☐
				cr ca ch o	☐ ☐
				cr ca ch o	☐ ☐
				cr ca ch o	☐ ☐
				cr ca ch o	☐ ☐
				cr ca ch o	☐ ☐
				cr ca ch o	☐ ☐
	Total Expenses				

Notes

THE Expense TRACKER

Tracker For: _____

Date	Expense / Description	Category	Amount	How Was It Paid (credit, cash, check, other)	Planned Y N
				cr ca ch o	☐ ☐
				cr ca ch o	☐ ☐
				cr ca ch o	☐ ☐
				cr ca ch o	☐ ☐
				cr ca ch o	☐ ☐
				cr ca ch o	☐ ☐
				cr ca ch o	☐ ☐
				cr ca ch o	☐ ☐
				cr ca ch o	☐ ☐
				cr ca ch o	☐ ☐
				cr ca ch o	☐ ☐
				cr ca ch o	☐ ☐
				cr ca ch o	☐ ☐
				cr ca ch o	☐ ☐
				cr ca ch o	☐ ☐
	Total Expenses				

Notes

THE *Expense* TRACKER

Tracker For: _____

Date	Expense / Description	Category	Amount	How Was It Paid (credit, cash, check, other)	Planned Y N
				cr ca ch o	☐ ☐
				cr ca ch o	☐ ☐
				cr ca ch o	☐ ☐
				cr ca ch o	☐ ☐
				cr ca ch o	☐ ☐
				cr ca ch o	☐ ☐
				cr ca ch o	☐ ☐
				cr ca ch o	☐ ☐
				cr ca ch o	☐ ☐
				cr ca ch o	☐ ☐
				cr ca ch o	☐ ☐
				cr ca ch o	☐ ☐
				cr ca ch o	☐ ☐
				cr ca ch o	☐ ☐
				cr ca ch o	☐ ☐
				cr ca ch o	☐ ☐
				cr ca ch o	☐ ☐
	Total Expenses				

Notes
_____
_____

THE Expense TRACKER

Tracker For:

Date	Expense / Description	Category	Amount	How Was It Paid (credit, cash, check, other)	Planned Y N
				cr ca ch o	☐ ☐
				cr ca ch o	☐ ☐
				cr ca ch o	☐ ☐
				cr ca ch o	☐ ☐
				cr ca ch o	☐ ☐
				cr ca ch o	☐ ☐
				cr ca ch o	☐ ☐
				cr ca ch o	☐ ☐
				cr ca ch o	☐ ☐
				cr ca ch o	☐ ☐
				cr ca ch o	☐ ☐
				cr ca ch o	☐ ☐
				cr ca ch o	☐ ☐
				cr ca ch o	☐ ☐
				cr ca ch o	☐ ☐
				cr ca ch o	☐ ☐
				cr ca ch o	☐ ☐
	Total Expenses				

Notes

THE *Expense* TRACKER

Tracker For:

Date	Expense / Description	Category	Amount	How Was It Paid (credit, cash, check, other)	Planned Y N
				cr ca ch o	☐ ☐
				cr ca ch o	☐ ☐
				cr ca ch o	☐ ☐
				cr ca ch o	☐ ☐
				cr ca ch o	☐ ☐
				cr ca ch o	☐ ☐
				cr ca ch o	☐ ☐
				cr ca ch o	☐ ☐
				cr ca ch o	☐ ☐
				cr ca ch o	☐ ☐
				cr ca ch o	☐ ☐
				cr ca ch o	☐ ☐
				cr ca ch o	☐ ☐
				cr ca ch o	☐ ☐
				cr ca ch o	☐ ☐
				cr ca ch o	☐ ☐
	Total Expenses				

Notes

THE *Expense* TRACKER

Tracker For: _____

Date	Expense / Description	Category	Amount	How Was It Paid (credit, cash, check, other)	Planned Y N
				cr ca ch o	☐ ☐
				cr ca ch o	☐ ☐
				cr ca ch o	☐ ☐
				cr ca ch o	☐ ☐
				cr ca ch o	☐ ☐
				cr ca ch o	☐ ☐
				cr ca ch o	☐ ☐
				cr ca ch o	☐ ☐
				cr ca ch o	☐ ☐
				cr ca ch o	☐ ☐
				cr ca ch o	☐ ☐
				cr ca ch o	☐ ☐
				cr ca ch o	☐ ☐
				cr ca ch o	☐ ☐
				cr ca ch o	☐ ☐
				cr ca ch o	☐ ☐
	Total Expenses				

Notes

THE *Expense* TRACKER

Tracker For: _____

Date	Expense / Description	Category	Amount	How Was It Paid (credit, cash, check, other)	Planned Y N
				cr ca ch o	☐ ☐
				cr ca ch o	☐ ☐
				cr ca ch o	☐ ☐
				cr ca ch o	☐ ☐
				cr ca ch o	☐ ☐
				cr ca ch o	☐ ☐
				cr ca ch o	☐ ☐
				cr ca ch o	☐ ☐
				cr ca ch o	☐ ☐
				cr ca ch o	☐ ☐
				cr ca ch o	☐ ☐
				cr ca ch o	☐ ☐
				cr ca ch o	☐ ☐
				cr ca ch o	☐ ☐
				cr ca ch o	☐ ☐
				cr ca ch o	☐ ☐
	Total Expenses				

Notes

THE *Expense* TRACKER

Tracker For: _____

Date	Expense / Description	Category	Amount	How Was It Paid (credit, cash, check, other)	Planned Y N
				cr ca ch o	☐ ☐
				cr ca ch o	☐ ☐
				cr ca ch o	☐ ☐
				cr ca ch o	☐ ☐
				cr ca ch o	☐ ☐
				cr ca ch o	☐ ☐
				cr ca ch o	☐ ☐
				cr ca ch o	☐ ☐
				cr ca ch o	☐ ☐
				cr ca ch o	☐ ☐
				cr ca ch o	☐ ☐
				cr ca ch o	☐ ☐
				cr ca ch o	☐ ☐
				cr ca ch o	☐ ☐
				cr ca ch o	☐ ☐
				cr ca ch o	☐ ☐
	Total Expenses				

Notes

THE *Expense* TRACKER

Tracker For: _____

Date	Expense / Description	Category	Amount	How Was It Paid (credit, cash, check, other)	Planned Y N
				cr ca ch o	☐ ☐
				cr ca ch o	☐ ☐
				cr ca ch o	☐ ☐
				cr ca ch o	☐ ☐
				cr ca ch o	☐ ☐
				cr ca ch o	☐ ☐
				cr ca ch o	☐ ☐
				cr ca ch o	☐ ☐
				cr ca ch o	☐ ☐
				cr ca ch o	☐ ☐
				cr ca ch o	☐ ☐
				cr ca ch o	☐ ☐
				cr ca ch o	☐ ☐
				cr ca ch o	☐ ☐
				cr ca ch o	☐ ☐
				cr ca ch o	☐ ☐
		Total Expenses			

Notes

THE Expense TRACKER

Tracker For:

Date	Expense / Description	Category	Amount	How Was It Paid (credit, cash, check, other)	Planned Y N
				cr ca ch o	☐ ☐
				cr ca ch o	☐ ☐
				cr ca ch o	☐ ☐
				cr ca ch o	☐ ☐
				cr ca ch o	☐ ☐
				cr ca ch o	☐ ☐
				cr ca ch o	☐ ☐
				cr ca ch o	☐ ☐
				cr ca ch o	☐ ☐
				cr ca ch o	☐ ☐
				cr ca ch o	☐ ☐
				cr ca ch o	☐ ☐
				cr ca ch o	☐ ☐
				cr ca ch o	☐ ☐
				cr ca ch o	☐ ☐
				cr ca ch o	☐ ☐
	Total Expenses				

Notes

THE *Expense* TRACKER

Tracker For:

Date	Expense / Description	Category	Amount	How Was It Paid (credit, cash, check, other)	Planned Y N
				cr ca ch o	☐ ☐
				cr ca ch o	☐ ☐
				cr ca ch o	☐ ☐
				cr ca ch o	☐ ☐
				cr ca ch o	☐ ☐
				cr ca ch o	☐ ☐
				cr ca ch o	☐ ☐
				cr ca ch o	☐ ☐
				cr ca ch o	☐ ☐
				cr ca ch o	☐ ☐
				cr ca ch o	☐ ☐
				cr ca ch o	☐ ☐
				cr ca ch o	☐ ☐
				cr ca ch o	☐ ☐
				cr ca ch o	☐ ☐
				cr ca ch o	☐ ☐
	Total Expenses				

Notes

THE Expense TRACKER

Tracker For:

Date	Expense / Description	Category	Amount	How Was It Paid (credit, cash, check, other)	Planned Y N
				cr ca ch o	☐ ☐
				cr ca ch o	☐ ☐
				cr ca ch o	☐ ☐
				cr ca ch o	☐ ☐
				cr ca ch o	☐ ☐
				cr ca ch o	☐ ☐
				cr ca ch o	☐ ☐
				cr ca ch o	☐ ☐
				cr ca ch o	☐ ☐
				cr ca ch o	☐ ☐
				cr ca ch o	☐ ☐
				cr ca ch o	☐ ☐
				cr ca ch o	☐ ☐
				cr ca ch o	☐ ☐
				cr ca ch o	☐ ☐
				cr ca ch o	☐ ☐
	Total Expenses				

Notes

THE *Expense* TRACKER

Tracker For:

Date	Expense / Description	Category	Amount	How Was It Paid (credit, cash, check, other)	Planned Y N
				cr ca ch o	☐ ☐
				cr ca ch o	☐ ☐
				cr ca ch o	☐ ☐
				cr ca ch o	☐ ☐
				cr ca ch o	☐ ☐
				cr ca ch o	☐ ☐
				cr ca ch o	☐ ☐
				cr ca ch o	☐ ☐
				cr ca ch o	☐ ☐
				cr ca ch o	☐ ☐
				cr ca ch o	☐ ☐
				cr ca ch o	☐ ☐
				cr ca ch o	☐ ☐
				cr ca ch o	☐ ☐
				cr ca ch o	☐ ☐
				cr ca ch o	☐ ☐
	Total Expenses				

Notes

THE *Expense* TRACKER

Tracker For: _____

Date	Expense / Description	Category	Amount	How Was It Paid (credit, cash, check, other)	Planned Y N
				cr ca ch o	☐ ☐
				cr ca ch o	☐ ☐
				cr ca ch o	☐ ☐
				cr ca ch o	☐ ☐
				cr ca ch o	☐ ☐
				cr ca ch o	☐ ☐
				cr ca ch o	☐ ☐
				cr ca ch o	☐ ☐
				cr ca ch o	☐ ☐
				cr ca ch o	☐ ☐
				cr ca ch o	☐ ☐
				cr ca ch o	☐ ☐
				cr ca ch o	☐ ☐
				cr ca ch o	☐ ☐
				cr ca ch o	☐ ☐
				cr ca ch o	☐ ☐
	Total Expenses				

Notes

THE *Expense* TRACKER

Tracker For:

Date	Expense / Description	Category	Amount	How Was It Paid (credit, cash, check, other)	Planned Y N
				cr ca ch o	☐ ☐
				cr ca ch o	☐ ☐
				cr ca ch o	☐ ☐
				cr ca ch o	☐ ☐
				cr ca ch o	☐ ☐
				cr ca ch o	☐ ☐
				cr ca ch o	☐ ☐
				cr ca ch o	☐ ☐
				cr ca ch o	☐ ☐
				cr ca ch o	☐ ☐
				cr ca ch o	☐ ☐
				cr ca ch o	☐ ☐
				cr ca ch o	☐ ☐
				cr ca ch o	☐ ☐
				cr ca ch o	☐ ☐
				cr ca ch o	☐ ☐
	Total Expenses				

Notes

THE Expense TRACKER

Tracker For: _____

Date	Expense / Description	Category	Amount	How Was It Paid (credit, cash, check, other)	Planned Y N
				cr ca ch o	☐ ☐
				cr ca ch o	☐ ☐
				cr ca ch o	☐ ☐
				cr ca ch o	☐ ☐
				cr ca ch o	☐ ☐
				cr ca ch o	☐ ☐
				cr ca ch o	☐ ☐
				cr ca ch o	☐ ☐
				cr ca ch o	☐ ☐
				cr ca ch o	☐ ☐
				cr ca ch o	☐ ☐
				cr ca ch o	☐ ☐
				cr ca ch o	☐ ☐
				cr ca ch o	☐ ☐
				cr ca ch o	☐ ☐
				cr ca ch o	☐ ☐
				cr ca ch o	☐ ☐
	Total Expenses				

Notes

THE Expense TRACKER

Tracker For:

Date	Expense / Description	Category	Amount	How Was It Paid (credit, cash, check, other)	Planned Y N
				cr ca ch o	☐ ☐
				cr ca ch o	☐ ☐
				cr ca ch o	☐ ☐
				cr ca ch o	☐ ☐
				cr ca ch o	☐ ☐
				cr ca ch o	☐ ☐
				cr ca ch o	☐ ☐
				cr ca ch o	☐ ☐
				cr ca ch o	☐ ☐
				cr ca ch o	☐ ☐
				cr ca ch o	☐ ☐
				cr ca ch o	☐ ☐
				cr ca ch o	☐ ☐
				cr ca ch o	☐ ☐
				cr ca ch o	☐ ☐
				cr ca ch o	☐ ☐

Total Expenses

Notes

THE Expense TRACKER

Tracker For:

Date	Expense / Description	Category	Amount	How Was It Paid (credit, cash, check, other)	Planned Y N
				cr ca ch o	☐ ☐
				cr ca ch o	☐ ☐
				cr ca ch o	☐ ☐
				cr ca ch o	☐ ☐
				cr ca ch o	☐ ☐
				cr ca ch o	☐ ☐
				cr ca ch o	☐ ☐
				cr ca ch o	☐ ☐
				cr ca ch o	☐ ☐
				cr ca ch o	☐ ☐
				cr ca ch o	☐ ☐
				cr ca ch o	☐ ☐
				cr ca ch o	☐ ☐
				cr ca ch o	☐ ☐
				cr ca ch o	☐ ☐
				cr ca ch o	☐ ☐
				cr ca ch o	☐ ☐
	Total Expenses				

Notes

THE *Expense* TRACKER

Tracker For: _____

Date	Expense / Description	Category	Amount	How Was It Paid (credit, cash, check, other)	Planned Y N
				cr ca ch o	☐ ☐
				cr ca ch o	☐ ☐
				cr ca ch o	☐ ☐
				cr ca ch o	☐ ☐
				cr ca ch o	☐ ☐
				cr ca ch o	☐ ☐
				cr ca ch o	☐ ☐
				cr ca ch o	☐ ☐
				cr ca ch o	☐ ☐
				cr ca ch o	☐ ☐
				cr ca ch o	☐ ☐
				cr ca ch o	☐ ☐
				cr ca ch o	☐ ☐
				cr ca ch o	☐ ☐
				cr ca ch o	☐ ☐
				cr ca ch o	☐ ☐
	Total Expenses				

Notes

THE Expense TRACKER

Tracker For: _____

Date	Expense / Description	Category	Amount	How Was It Paid (credit, cash, check, other)	Planned Y N
				cr ca ch o	☐ ☐
				cr ca ch o	☐ ☐
				cr ca ch o	☐ ☐
				cr ca ch o	☐ ☐
				cr ca ch o	☐ ☐
				cr ca ch o	☐ ☐
				cr ca ch o	☐ ☐
				cr ca ch o	☐ ☐
				cr ca ch o	☐ ☐
				cr ca ch o	☐ ☐
				cr ca ch o	☐ ☐
				cr ca ch o	☐ ☐
				cr ca ch o	☐ ☐
				cr ca ch o	☐ ☐
				cr ca ch o	☐ ☐
				cr ca ch o	☐ ☐
				cr ca ch o	☐ ☐
	Total Expenses				

Notes

THE Expense TRACKER

Tracker For:

Date	Expense / Description	Category	Amount	How Was It Paid (credit, cash, check, other)	Planned Y N
				cr ca ch o	☐ ☐
				cr ca ch o	☐ ☐
				cr ca ch o	☐ ☐
				cr ca ch o	☐ ☐
				cr ca ch o	☐ ☐
				cr ca ch o	☐ ☐
				cr ca ch o	☐ ☐
				cr ca ch o	☐ ☐
				cr ca ch o	☐ ☐
				cr ca ch o	☐ ☐
				cr ca ch o	☐ ☐
				cr ca ch o	☐ ☐
				cr ca ch o	☐ ☐
				cr ca ch o	☐ ☐
				cr ca ch o	☐ ☐
				cr ca ch o	☐ ☐
	Total Expenses				

Notes

THE Expense TRACKER

Tracker For:

Date	Expense / Description	Category	Amount	How Was It Paid (credit, cash, check, other)				Planned Y N	
				cr	ca	ch	o	☐	☐
				cr	ca	ch	o	☐	☐
				cr	ca	ch	o	☐	☐
				cr	ca	ch	o	☐	☐
				cr	ca	ch	o	☐	☐
				cr	ca	ch	o	☐	☐
				cr	ca	ch	o	☐	☐
				cr	ca	ch	o	☐	☐
				cr	ca	ch	o	☐	☐
				cr	ca	ch	o	☐	☐
				cr	ca	ch	o	☐	☐
				cr	ca	ch	o	☐	☐
				cr	ca	ch	o	☐	☐
				cr	ca	ch	o	☐	☐
				cr	ca	ch	o	☐	☐
				cr	ca	ch	o	☐	☐
		Total Expenses							

Notes

THE *Expense* TRACKER

Tracker For:

Date	Expense / Description	Category	Amount	How Was It Paid (credit, cash, check, other)	Planned Y N
				cr ca ch o	☐ ☐
				cr ca ch o	☐ ☐
				cr ca ch o	☐ ☐
				cr ca ch o	☐ ☐
				cr ca ch o	☐ ☐
				cr ca ch o	☐ ☐
				cr ca ch o	☐ ☐
				cr ca ch o	☐ ☐
				cr ca ch o	☐ ☐
				cr ca ch o	☐ ☐
				cr ca ch o	☐ ☐
				cr ca ch o	☐ ☐
				cr ca ch o	☐ ☐
				cr ca ch o	☐ ☐
				cr ca ch o	☐ ☐
				cr ca ch o	☐ ☐
	Total Expenses				

Notes

THE Expense TRACKER

Tracker For:

Date	Expense / Description	Category	Amount	How Was It Paid (credit, cash, check, other)	Planned Y N
				cr ca ch o	☐ ☐
				cr ca ch o	☐ ☐
				cr ca ch o	☐ ☐
				cr ca ch o	☐ ☐
				cr ca ch o	☐ ☐
				cr ca ch o	☐ ☐
				cr ca ch o	☐ ☐
				cr ca ch o	☐ ☐
				cr ca ch o	☐ ☐
				cr ca ch o	☐ ☐
				cr ca ch o	☐ ☐
				cr ca ch o	☐ ☐
				cr ca ch o	☐ ☐
				cr ca ch o	☐ ☐
				cr ca ch o	☐ ☐
				cr ca ch o	☐ ☐
	Total Expenses				

Notes

THE *Expense* TRACKER

Tracker For:

Date	Expense / Description	Category	Amount	How Was It Paid (credit, cash, check, other)	Planned Y N
				cr ca ch o	☐ ☐
				cr ca ch o	☐ ☐
				cr ca ch o	☐ ☐
				cr ca ch o	☐ ☐
				cr ca ch o	☐ ☐
				cr ca ch o	☐ ☐
				cr ca ch o	☐ ☐
				cr ca ch o	☐ ☐
				cr ca ch o	☐ ☐
				cr ca ch o	☐ ☐
				cr ca ch o	☐ ☐
				cr ca ch o	☐ ☐
				cr ca ch o	☐ ☐
				cr ca ch o	☐ ☐
				cr ca ch o	☐ ☐
				cr ca ch o	☐ ☐
	Total Expenses				

Notes

THE Expense TRACKER

Tracker For:

Date	Expense / Description	Category	Amount	How Was It Paid (credit, cash, check, other)	Planned Y N
				cr ca ch o	☐ ☐
				cr ca ch o	☐ ☐
				cr ca ch o	☐ ☐
				cr ca ch o	☐ ☐
				cr ca ch o	☐ ☐
				cr ca ch o	☐ ☐
				cr ca ch o	☐ ☐
				cr ca ch o	☐ ☐
				cr ca ch o	☐ ☐
				cr ca ch o	☐ ☐
				cr ca ch o	☐ ☐
				cr ca ch o	☐ ☐
				cr ca ch o	☐ ☐
				cr ca ch o	☐ ☐
				cr ca ch o	☐ ☐
				cr ca ch o	☐ ☐
				cr ca ch o	☐ ☐
	Total Expenses				

Notes

THE *Expense* TRACKER

Tracker For:

Date	Expense / Description	Category	Amount	How Was It Paid (credit, cash, check, other)	Planned Y N
				cr ca ch o	☐ ☐
				cr ca ch o	☐ ☐
				cr ca ch o	☐ ☐
				cr ca ch o	☐ ☐
				cr ca ch o	☐ ☐
				cr ca ch o	☐ ☐
				cr ca ch o	☐ ☐
				cr ca ch o	☐ ☐
				cr ca ch o	☐ ☐
				cr ca ch o	☐ ☐
				cr ca ch o	☐ ☐
				cr ca ch o	☐ ☐
				cr ca ch o	☐ ☐
				cr ca ch o	☐ ☐
				cr ca ch o	☐ ☐
				cr ca ch o	☐ ☐
				cr ca ch o	☐ ☐
				cr ca ch o	☐ ☐
	Total Expenses				

Notes

THE Expense TRACKER

Tracker For: _____

Date	Expense / Description	Category	Amount	How Was It Paid (credit, cash, check, other)	Planned Y N
				cr ca ch o	☐ ☐
				cr ca ch o	☐ ☐
				cr ca ch o	☐ ☐
				cr ca ch o	☐ ☐
				cr ca ch o	☐ ☐
				cr ca ch o	☐ ☐
				cr ca ch o	☐ ☐
				cr ca ch o	☐ ☐
				cr ca ch o	☐ ☐
				cr ca ch o	☐ ☐
				cr ca ch o	☐ ☐
				cr ca ch o	☐ ☐
				cr ca ch o	☐ ☐
				cr ca ch o	☐ ☐
				cr ca ch o	☐ ☐
				cr ca ch o	☐ ☐
	Total Expenses				

Notes

THE *Expense* TRACKER

Tracker For:

Date	Expense / Description	Category	Amount	How Was It Paid (credit, cash, check, other)	Planned Y N
				cr ca ch o	☐ ☐
				cr ca ch o	☐ ☐
				cr ca ch o	☐ ☐
				cr ca ch o	☐ ☐
				cr ca ch o	☐ ☐
				cr ca ch o	☐ ☐
				cr ca ch o	☐ ☐
				cr ca ch o	☐ ☐
				cr ca ch o	☐ ☐
				cr ca ch o	☐ ☐
				cr ca ch o	☐ ☐
				cr ca ch o	☐ ☐
				cr ca ch o	☐ ☐
				cr ca ch o	☐ ☐
				cr ca ch o	☐ ☐
				cr ca ch o	☐ ☐
				cr ca ch o	☐ ☐

Total Expenses

Notes

THE *Expense* TRACKER

Tracker For:

Date	Expense / Description	Category	Amount	How Was It Paid (credit, cash, check, other)	Planned Y N
				cr ca ch o	☐ ☐
				cr ca ch o	☐ ☐
				cr ca ch o	☐ ☐
				cr ca ch o	☐ ☐
				cr ca ch o	☐ ☐
				cr ca ch o	☐ ☐
				cr ca ch o	☐ ☐
				cr ca ch o	☐ ☐
				cr ca ch o	☐ ☐
				cr ca ch o	☐ ☐
				cr ca ch o	☐ ☐
				cr ca ch o	☐ ☐
				cr ca ch o	☐ ☐
				cr ca ch o	☐ ☐
				cr ca ch o	☐ ☐
				cr ca ch o	☐ ☐
	Total Expenses				

Notes

THE *Expense* TRACKER

Tracker For: _____

Date	Expense / Description	Category	Amount	How Was It Paid (credit, cash, check, other)	Planned Y N
				cr ca ch o	☐ ☐
				cr ca ch o	☐ ☐
				cr ca ch o	☐ ☐
				cr ca ch o	☐ ☐
				cr ca ch o	☐ ☐
				cr ca ch o	☐ ☐
				cr ca ch o	☐ ☐
				cr ca ch o	☐ ☐
				cr ca ch o	☐ ☐
				cr ca ch o	☐ ☐
				cr ca ch o	☐ ☐
				cr ca ch o	☐ ☐
				cr ca ch o	☐ ☐
				cr ca ch o	☐ ☐
				cr ca ch o	☐ ☐
				cr ca ch o	☐ ☐
Total Expenses					

Notes

THE *Expense* TRACKER

Tracker For:

Date	Expense / Description	Category	Amount	How Was It Paid (credit, cash, check, other)	Planned Y N
				cr ca ch o	☐ ☐
				cr ca ch o	☐ ☐
				cr ca ch o	☐ ☐
				cr ca ch o	☐ ☐
				cr ca ch o	☐ ☐
				cr ca ch o	☐ ☐
				cr ca ch o	☐ ☐
				cr ca ch o	☐ ☐
				cr ca ch o	☐ ☐
				cr ca ch o	☐ ☐
				cr ca ch o	☐ ☐
				cr ca ch o	☐ ☐
				cr ca ch o	☐ ☐
				cr ca ch o	☐ ☐
				cr ca ch o	☐ ☐
				cr ca ch o	☐ ☐
	Total Expenses				

Notes

THE *Expense* TRACKER

Tracker For: _____

Date	Expense / Description	Category	Amount	How Was It Paid (credit, cash, check, other)	Planned Y N
				cr ca ch o	☐ ☐
				cr ca ch o	☐ ☐
				cr ca ch o	☐ ☐
				cr ca ch o	☐ ☐
				cr ca ch o	☐ ☐
				cr ca ch o	☐ ☐
				cr ca ch o	☐ ☐
				cr ca ch o	☐ ☐
				cr ca ch o	☐ ☐
				cr ca ch o	☐ ☐
				cr ca ch o	☐ ☐
				cr ca ch o	☐ ☐
				cr ca ch o	☐ ☐
				cr ca ch o	☐ ☐
				cr ca ch o	☐ ☐
				cr ca ch o	☐ ☐
	Total Expenses				

Notes

THE *Expense* TRACKER

Tracker For: _____

Date	Expense / Description	Category	Amount	How Was It Paid (credit, cash, check, other)	Planned Y N
				cr ca ch o	☐ ☐
				cr ca ch o	☐ ☐
				cr ca ch o	☐ ☐
				cr ca ch o	☐ ☐
				cr ca ch o	☐ ☐
				cr ca ch o	☐ ☐
				cr ca ch o	☐ ☐
				cr ca ch o	☐ ☐
				cr ca ch o	☐ ☐
				cr ca ch o	☐ ☐
				cr ca ch o	☐ ☐
				cr ca ch o	☐ ☐
				cr ca ch o	☐ ☐
				cr ca ch o	☐ ☐
				cr ca ch o	☐ ☐
				cr ca ch o	☐ ☐
				cr ca ch o	☐ ☐
Total Expenses					

Notes

THE *Expense* TRACKER

Tracker For: _____

Date	Expense / Description	Category	Amount	How Was It Paid (credit, cash, check, other)	Planned Y N
				cr ca ch o	☐ ☐
				cr ca ch o	☐ ☐
				cr ca ch o	☐ ☐
				cr ca ch o	☐ ☐
				cr ca ch o	☐ ☐
				cr ca ch o	☐ ☐
				cr ca ch o	☐ ☐
				cr ca ch o	☐ ☐
				cr ca ch o	☐ ☐
				cr ca ch o	☐ ☐
				cr ca ch o	☐ ☐
				cr ca ch o	☐ ☐
				cr ca ch o	☐ ☐
				cr ca ch o	☐ ☐
				cr ca ch o	☐ ☐
				cr ca ch o	☐ ☐
	Total Expenses				

Notes

THE Expense TRACKER

Tracker For: _____

Date	Expense / Description	Category	Amount	How Was It Paid (credit, cash, check, other)	Planned Y N
				cr ca ch o	☐ ☐
				cr ca ch o	☐ ☐
				cr ca ch o	☐ ☐
				cr ca ch o	☐ ☐
				cr ca ch o	☐ ☐
				cr ca ch o	☐ ☐
				cr ca ch o	☐ ☐
				cr ca ch o	☐ ☐
				cr ca ch o	☐ ☐
				cr ca ch o	☐ ☐
				cr ca ch o	☐ ☐
				cr ca ch o	☐ ☐
				cr ca ch o	☐ ☐
				cr ca ch o	☐ ☐
				cr ca ch o	☐ ☐
				cr ca ch o	☐ ☐
	Total Expenses				

Notes

THE Expense TRACKER

Tracker For: _____

Date	Expense / Description	Category	Amount	How Was It Paid (credit, cash, check, other)	Planned Y N
				cr ca ch o	☐ ☐
				cr ca ch o	☐ ☐
				cr ca ch o	☐ ☐
				cr ca ch o	☐ ☐
				cr ca ch o	☐ ☐
				cr ca ch o	☐ ☐
				cr ca ch o	☐ ☐
				cr ca ch o	☐ ☐
				cr ca ch o	☐ ☐
				cr ca ch o	☐ ☐
				cr ca ch o	☐ ☐
				cr ca ch o	☐ ☐
				cr ca ch o	☐ ☐
				cr ca ch o	☐ ☐
				cr ca ch o	☐ ☐
				cr ca ch o	☐ ☐
				cr ca ch o	☐ ☐
	Total Expenses				

Notes

THE *Expense* TRACKER

Tracker For: _____

Date	Expense / Description	Category	Amount	How Was It Paid (credit, cash, check, other)	Planned Y N
				cr ca ch o	☐ ☐
				cr ca ch o	☐ ☐
				cr ca ch o	☐ ☐
				cr ca ch o	☐ ☐
				cr ca ch o	☐ ☐
				cr ca ch o	☐ ☐
				cr ca ch o	☐ ☐
				cr ca ch o	☐ ☐
				cr ca ch o	☐ ☐
				cr ca ch o	☐ ☐
				cr ca ch o	☐ ☐
				cr ca ch o	☐ ☐
				cr ca ch o	☐ ☐
				cr ca ch o	☐ ☐
				cr ca ch o	☐ ☐
				cr ca ch o	☐ ☐
	Total Expenses				

Notes

THE *Expense* TRACKER

Tracker For: _____

Date	Expense / Description	Category	Amount	How Was It Paid (credit, cash, check, other)	Planned Y N
				cr ca ch o	☐ ☐
				cr ca ch o	☐ ☐
				cr ca ch o	☐ ☐
				cr ca ch o	☐ ☐
				cr ca ch o	☐ ☐
				cr ca ch o	☐ ☐
				cr ca ch o	☐ ☐
				cr ca ch o	☐ ☐
				cr ca ch o	☐ ☐
				cr ca ch o	☐ ☐
				cr ca ch o	☐ ☐
				cr ca ch o	☐ ☐
				cr ca ch o	☐ ☐
				cr ca ch o	☐ ☐
				cr ca ch o	☐ ☐
				cr ca ch o	☐ ☐
	Total Expenses				

Notes

THE *Expense* TRACKER

Tracker For: _____

Date	Expense / Description	Category	Amount	How Was It Paid (credit, cash, check, other)	Planned Y N
				cr ca ch o	☐ ☐
				cr ca ch o	☐ ☐
				cr ca ch o	☐ ☐
				cr ca ch o	☐ ☐
				cr ca ch o	☐ ☐
				cr ca ch o	☐ ☐
				cr ca ch o	☐ ☐
				cr ca ch o	☐ ☐
				cr ca ch o	☐ ☐
				cr ca ch o	☐ ☐
				cr ca ch o	☐ ☐
				cr ca ch o	☐ ☐
				cr ca ch o	☐ ☐
				cr ca ch o	☐ ☐
				cr ca ch o	☐ ☐
				cr ca ch o	☐ ☐
				cr ca ch o	☐ ☐
	Total Expenses				

Notes

THE *Expense* TRACKER

Tracker For:

Date	Expense / Description	Category	Amount	How Was It Paid (credit, cash, check, other)	Planned Y N
				cr ca ch o	☐ ☐
				cr ca ch o	☐ ☐
				cr ca ch o	☐ ☐
				cr ca ch o	☐ ☐
				cr ca ch o	☐ ☐
				cr ca ch o	☐ ☐
				cr ca ch o	☐ ☐
				cr ca ch o	☐ ☐
				cr ca ch o	☐ ☐
				cr ca ch o	☐ ☐
				cr ca ch o	☐ ☐
				cr ca ch o	☐ ☐
				cr ca ch o	☐ ☐
				cr ca ch o	☐ ☐
				cr ca ch o	☐ ☐
				cr ca ch o	☐ ☐
	Total Expenses				

Notes

THE *Expense* TRACKER

Tracker For:

Date	Expense / Description	Category	Amount	How Was It Paid (credit, cash, check, other)	Planned Y N
				cr ca ch o	☐ ☐
				cr ca ch o	☐ ☐
				cr ca ch o	☐ ☐
				cr ca ch o	☐ ☐
				cr ca ch o	☐ ☐
				cr ca ch o	☐ ☐
				cr ca ch o	☐ ☐
				cr ca ch o	☐ ☐
				cr ca ch o	☐ ☐
				cr ca ch o	☐ ☐
				cr ca ch o	☐ ☐
				cr ca ch o	☐ ☐
				cr ca ch o	☐ ☐
				cr ca ch o	☐ ☐
				cr ca ch o	☐ ☐
				cr ca ch o	☐ ☐
	Total Expenses				

Notes

THE *Expense* TRACKER

Tracker For:

Date	Expense / Description	Category	Amount	How Was It Paid (credit, cash, check, other)	Planned Y N
				cr ca ch o	☐ ☐
				cr ca ch o	☐ ☐
				cr ca ch o	☐ ☐
				cr ca ch o	☐ ☐
				cr ca ch o	☐ ☐
				cr ca ch o	☐ ☐
				cr ca ch o	☐ ☐
				cr ca ch o	☐ ☐
				cr ca ch o	☐ ☐
				cr ca ch o	☐ ☐
				cr ca ch o	☐ ☐
				cr ca ch o	☐ ☐
				cr ca ch o	☐ ☐
				cr ca ch o	☐ ☐
				cr ca ch o	☐ ☐
				cr ca ch o	☐ ☐
				cr ca ch o	☐ ☐
	Total Expenses				

Notes

THE Expense TRACKER

Tracker For: _____

Date	Expense / Description	Category	Amount	How Was It Paid (credit, cash, check, other)	Planned Y N
				cr ca ch o	☐ ☐
				cr ca ch o	☐ ☐
				cr ca ch o	☐ ☐
				cr ca ch o	☐ ☐
				cr ca ch o	☐ ☐
				cr ca ch o	☐ ☐
				cr ca ch o	☐ ☐
				cr ca ch o	☐ ☐
				cr ca ch o	☐ ☐
				cr ca ch o	☐ ☐
				cr ca ch o	☐ ☐
				cr ca ch o	☐ ☐
				cr ca ch o	☐ ☐
				cr ca ch o	☐ ☐
				cr ca ch o	☐ ☐
				cr ca ch o	☐ ☐
	Total Expenses				

Notes

THE *Expense* TRACKER

Tracker For: _____

Date	Expense / Description	Category	Amount	How Was It Paid (credit, cash, check, other)	Planned Y N
				cr ca ch o	☐ ☐
				cr ca ch o	☐ ☐
				cr ca ch o	☐ ☐
				cr ca ch o	☐ ☐
				cr ca ch o	☐ ☐
				cr ca ch o	☐ ☐
				cr ca ch o	☐ ☐
				cr ca ch o	☐ ☐
				cr ca ch o	☐ ☐
				cr ca ch o	☐ ☐
				cr ca ch o	☐ ☐
				cr ca ch o	☐ ☐
				cr ca ch o	☐ ☐
				cr ca ch o	☐ ☐
				cr ca ch o	☐ ☐
				cr ca ch o	☐ ☐
				cr ca ch o	☐ ☐
	Total Expenses				

Notes

THE *Expense* TRACKER

Tracker For:

Date	Expense / Description	Category	Amount	How Was It Paid (credit, cash, check, other)	Planned Y N
				cr ca ch o	☐ ☐
				cr ca ch o	☐ ☐
				cr ca ch o	☐ ☐
				cr ca ch o	☐ ☐
				cr ca ch o	☐ ☐
				cr ca ch o	☐ ☐
				cr ca ch o	☐ ☐
				cr ca ch o	☐ ☐
				cr ca ch o	☐ ☐
				cr ca ch o	☐ ☐
				cr ca ch o	☐ ☐
				cr ca ch o	☐ ☐
				cr ca ch o	☐ ☐
				cr ca ch o	☐ ☐
				cr ca ch o	☐ ☐
				cr ca ch o	☐ ☐
	Total Expenses				

Notes

THE *Expense* TRACKER

Tracker For:

Date	Expense / Description	Category	Amount	How Was It Paid (credit, cash, check, other)	Planned Y N
				cr ca ch o	☐ ☐
				cr ca ch o	☐ ☐
				cr ca ch o	☐ ☐
				cr ca ch o	☐ ☐
				cr ca ch o	☐ ☐
				cr ca ch o	☐ ☐
				cr ca ch o	☐ ☐
				cr ca ch o	☐ ☐
				cr ca ch o	☐ ☐
				cr ca ch o	☐ ☐
				cr ca ch o	☐ ☐
				cr ca ch o	☐ ☐
				cr ca ch o	☐ ☐
				cr ca ch o	☐ ☐
				cr ca ch o	☐ ☐
				cr ca ch o	☐ ☐
	Total Expenses				

Notes

THE Expense TRACKER

Tracker For: _____

Date	Expense / Description	Category	Amount	How Was It Paid (credit, cash, check, other)	Planned Y N
				cr ca ch o	☐ ☐
				cr ca ch o	☐ ☐
				cr ca ch o	☐ ☐
				cr ca ch o	☐ ☐
				cr ca ch o	☐ ☐
				cr ca ch o	☐ ☐
				cr ca ch o	☐ ☐
				cr ca ch o	☐ ☐
				cr ca ch o	☐ ☐
				cr ca ch o	☐ ☐
				cr ca ch o	☐ ☐
				cr ca ch o	☐ ☐
				cr ca ch o	☐ ☐
				cr ca ch o	☐ ☐
				cr ca ch o	☐ ☐
				cr ca ch o	☐ ☐
	Total Expenses				

Notes

THE *Expense* TRACKER

Tracker For:

Date	Expense / Description	Category	Amount	How Was It Paid (credit, cash, check, other)	Planned Y N
				cr ca ch o	☐ ☐
				cr ca ch o	☐ ☐
				cr ca ch o	☐ ☐
				cr ca ch o	☐ ☐
				cr ca ch o	☐ ☐
				cr ca ch o	☐ ☐
				cr ca ch o	☐ ☐
				cr ca ch o	☐ ☐
				cr ca ch o	☐ ☐
				cr ca ch o	☐ ☐
				cr ca ch o	☐ ☐
				cr ca ch o	☐ ☐
				cr ca ch o	☐ ☐
				cr ca ch o	☐ ☐
				cr ca ch o	☐ ☐
				cr ca ch o	☐ ☐
	Total Expenses				

Notes

THE *Expense* TRACKER

Tracker For: _____

Date	Expense / Description	Category	Amount	How Was It Paid (credit, cash, check, other)	Planned Y N
				cr ca ch o	☐ ☐
				cr ca ch o	☐ ☐
				cr ca ch o	☐ ☐
				cr ca ch o	☐ ☐
				cr ca ch o	☐ ☐
				cr ca ch o	☐ ☐
				cr ca ch o	☐ ☐
				cr ca ch o	☐ ☐
				cr ca ch o	☐ ☐
				cr ca ch o	☐ ☐
				cr ca ch o	☐ ☐
				cr ca ch o	☐ ☐
				cr ca ch o	☐ ☐
				cr ca ch o	☐ ☐
				cr ca ch o	☐ ☐
				cr ca ch o	☐ ☐
	Total Expenses				

Notes

THE *Expense* TRACKER

Tracker For:

Date	Expense / Description	Category	Amount	How Was It Paid (credit, cash, check, other)	Planned Y N
				cr ca ch o	☐ ☐
				cr ca ch o	☐ ☐
				cr ca ch o	☐ ☐
				cr ca ch o	☐ ☐
				cr ca ch o	☐ ☐
				cr ca ch o	☐ ☐
				cr ca ch o	☐ ☐
				cr ca ch o	☐ ☐
				cr ca ch o	☐ ☐
				cr ca ch o	☐ ☐
				cr ca ch o	☐ ☐
				cr ca ch o	☐ ☐
				cr ca ch o	☐ ☐
				cr ca ch o	☐ ☐
				cr ca ch o	☐ ☐
				cr ca ch o	☐ ☐
	Total Expenses				

Notes

THE *Expense* TRACKER

Tracker For: _____

Date	Expense / Description	Category	Amount	How Was It Paid (credit, cash, check, other)	Planned Y N
				cr ca ch o	☐ ☐
				cr ca ch o	☐ ☐
				cr ca ch o	☐ ☐
				cr ca ch o	☐ ☐
				cr ca ch o	☐ ☐
				cr ca ch o	☐ ☐
				cr ca ch o	☐ ☐
				cr ca ch o	☐ ☐
				cr ca ch o	☐ ☐
				cr ca ch o	☐ ☐
				cr ca ch o	☐ ☐
				cr ca ch o	☐ ☐
				cr ca ch o	☐ ☐
				cr ca ch o	☐ ☐
				cr ca ch o	☐ ☐
				cr ca ch o	☐ ☐
	Total Expenses				

Notes

THE *Expense* TRACKER

Tracker For: _____

Date	Expense / Description	Category	Amount	How Was It Paid (credit, cash, check, other)	Planned Y N
				cr ca ch o	☐ ☐
				cr ca ch o	☐ ☐
				cr ca ch o	☐ ☐
				cr ca ch o	☐ ☐
				cr ca ch o	☐ ☐
				cr ca ch o	☐ ☐
				cr ca ch o	☐ ☐
				cr ca ch o	☐ ☐
				cr ca ch o	☐ ☐
				cr ca ch o	☐ ☐
				cr ca ch o	☐ ☐
				cr ca ch o	☐ ☐
				cr ca ch o	☐ ☐
				cr ca ch o	☐ ☐
				cr ca ch o	☐ ☐
				cr ca ch o	☐ ☐
				cr ca ch o	☐ ☐

Total Expenses: _____

Notes

THE *Expense* TRACKER

Tracker For: _____

Date	Expense / Description	Category	Amount	How Was It Paid (credit, cash, check, other)	Planned Y / N
				cr ca ch o	☐ ☐
				cr ca ch o	☐ ☐
				cr ca ch o	☐ ☐
				cr ca ch o	☐ ☐
				cr ca ch o	☐ ☐
				cr ca ch o	☐ ☐
				cr ca ch o	☐ ☐
				cr ca ch o	☐ ☐
				cr ca ch o	☐ ☐
				cr ca ch o	☐ ☐
				cr ca ch o	☐ ☐
				cr ca ch o	☐ ☐
				cr ca ch o	☐ ☐
				cr ca ch o	☐ ☐
				cr ca ch o	☐ ☐
				cr ca ch o	☐ ☐
	Total Expenses				

Notes

THE Expense TRACKER

Tracker For:

Date	Expense / Description	Category	Amount	How Was It Paid (credit, cash, check, other)	Planned Y N
				cr ca ch o	☐ ☐
				cr ca ch o	☐ ☐
				cr ca ch o	☐ ☐
				cr ca ch o	☐ ☐
				cr ca ch o	☐ ☐
				cr ca ch o	☐ ☐
				cr ca ch o	☐ ☐
				cr ca ch o	☐ ☐
				cr ca ch o	☐ ☐
				cr ca ch o	☐ ☐
				cr ca ch o	☐ ☐
				cr ca ch o	☐ ☐
				cr ca ch o	☐ ☐
				cr ca ch o	☐ ☐
				cr ca ch o	☐ ☐
				cr ca ch o	☐ ☐
	Total Expenses				

Notes

THE Expense TRACKER

Tracker For: _____

Date	Expense / Description	Category	Amount	How Was It Paid (credit, cash, check, other)	Planned Y N
				cr ca ch o	☐ ☐
				cr ca ch o	☐ ☐
				cr ca ch o	☐ ☐
				cr ca ch o	☐ ☐
				cr ca ch o	☐ ☐
				cr ca ch o	☐ ☐
				cr ca ch o	☐ ☐
				cr ca ch o	☐ ☐
				cr ca ch o	☐ ☐
				cr ca ch o	☐ ☐
				cr ca ch o	☐ ☐
				cr ca ch o	☐ ☐
				cr ca ch o	☐ ☐
				cr ca ch o	☐ ☐
				cr ca ch o	☐ ☐
				cr ca ch o	☐ ☐
	Total Expenses				

Notes

THE *Expense* TRACKER

Tracker For: _____

Date	Expense / Description	Category	Amount	How Was It Paid (credit, cash, check, other)	Planned Y N
				cr ca ch o	☐ ☐
				cr ca ch o	☐ ☐
				cr ca ch o	☐ ☐
				cr ca ch o	☐ ☐
				cr ca ch o	☐ ☐
				cr ca ch o	☐ ☐
				cr ca ch o	☐ ☐
				cr ca ch o	☐ ☐
				cr ca ch o	☐ ☐
				cr ca ch o	☐ ☐
				cr ca ch o	☐ ☐
				cr ca ch o	☐ ☐
				cr ca ch o	☐ ☐
				cr ca ch o	☐ ☐
				cr ca ch o	☐ ☐
				cr ca ch o	☐ ☐
	Total Expenses				

Notes

THE Expense TRACKER

Tracker For:

Date	Expense / Description	Category	Amount	How Was It Paid (credit, cash, check, other)	Planned Y N
				cr ca ch o	☐ ☐
				cr ca ch o	☐ ☐
				cr ca ch o	☐ ☐
				cr ca ch o	☐ ☐
				cr ca ch o	☐ ☐
				cr ca ch o	☐ ☐
				cr ca ch o	☐ ☐
				cr ca ch o	☐ ☐
				cr ca ch o	☐ ☐
				cr ca ch o	☐ ☐
				cr ca ch o	☐ ☐
				cr ca ch o	☐ ☐
				cr ca ch o	☐ ☐
				cr ca ch o	☐ ☐
				cr ca ch o	☐ ☐
				cr ca ch o	☐ ☐
	Total Expenses				

Notes

THE Expense TRACKER

Tracker For:

Date	Expense / Description	Category	Amount	How Was It Paid (credit, cash, check, other)	Planned Y N
				cr ca ch o	☐ ☐
				cr ca ch o	☐ ☐
				cr ca ch o	☐ ☐
				cr ca ch o	☐ ☐
				cr ca ch o	☐ ☐
				cr ca ch o	☐ ☐
				cr ca ch o	☐ ☐
				cr ca ch o	☐ ☐
				cr ca ch o	☐ ☐
				cr ca ch o	☐ ☐
				cr ca ch o	☐ ☐
				cr ca ch o	☐ ☐
				cr ca ch o	☐ ☐
				cr ca ch o	☐ ☐
				cr ca ch o	☐ ☐
				cr ca ch o	☐ ☐
	Total Expenses				

Notes

THE *Expense* TRACKER

Tracker For: _____

Date	Expense / Description	Category	Amount	How Was It Paid (credit, cash, check, other)	Planned Y N
				cr ca ch o	☐ ☐
				cr ca ch o	☐ ☐
				cr ca ch o	☐ ☐
				cr ca ch o	☐ ☐
				cr ca ch o	☐ ☐
				cr ca ch o	☐ ☐
				cr ca ch o	☐ ☐
				cr ca ch o	☐ ☐
				cr ca ch o	☐ ☐
				cr ca ch o	☐ ☐
				cr ca ch o	☐ ☐
				cr ca ch o	☐ ☐
				cr ca ch o	☐ ☐
				cr ca ch o	☐ ☐
				cr ca ch o	☐ ☐
				cr ca ch o	☐ ☐
	Total Expenses				

Notes

THE *Expense* TRACKER

Tracker For: _____

Date	Expense / Description	Category	Amount	How Was It Paid (credit, cash, check, other)	Planned Y N
				cr ca ch o	☐ ☐
				cr ca ch o	☐ ☐
				cr ca ch o	☐ ☐
				cr ca ch o	☐ ☐
				cr ca ch o	☐ ☐
				cr ca ch o	☐ ☐
				cr ca ch o	☐ ☐
				cr ca ch o	☐ ☐
				cr ca ch o	☐ ☐
				cr ca ch o	☐ ☐
				cr ca ch o	☐ ☐
				cr ca ch o	☐ ☐
				cr ca ch o	☐ ☐
				cr ca ch o	☐ ☐
				cr ca ch o	☐ ☐
				cr ca ch o	☐ ☐
				cr ca ch o	☐ ☐
	Total Expenses				

Notes

THE Expense TRACKER

Tracker For:

Date	Expense / Description	Category	Amount	How Was It Paid (credit, cash, check, other)	Planned Y N
				cr ca ch o	☐ ☐
				cr ca ch o	☐ ☐
				cr ca ch o	☐ ☐
				cr ca ch o	☐ ☐
				cr ca ch o	☐ ☐
				cr ca ch o	☐ ☐
				cr ca ch o	☐ ☐
				cr ca ch o	☐ ☐
				cr ca ch o	☐ ☐
				cr ca ch o	☐ ☐
				cr ca ch o	☐ ☐
				cr ca ch o	☐ ☐
				cr ca ch o	☐ ☐
				cr ca ch o	☐ ☐
				cr ca ch o	☐ ☐
				cr ca ch o	☐ ☐
	Total Expenses				

Notes

THE Expense TRACKER

Tracker For:

Date	Expense / Description	Category	Amount	How Was It Paid (credit, cash, check, other)	Planned Y N
				cr ca ch o	☐ ☐
				cr ca ch o	☐ ☐
				cr ca ch o	☐ ☐
				cr ca ch o	☐ ☐
				cr ca ch o	☐ ☐
				cr ca ch o	☐ ☐
				cr ca ch o	☐ ☐
				cr ca ch o	☐ ☐
				cr ca ch o	☐ ☐
				cr ca ch o	☐ ☐
				cr ca ch o	☐ ☐
				cr ca ch o	☐ ☐
				cr ca ch o	☐ ☐
				cr ca ch o	☐ ☐
				cr ca ch o	☐ ☐
				cr ca ch o	☐ ☐
				cr ca ch o	☐ ☐
	Total Expenses				

Notes

THE Expense TRACKER

Tracker For: _____

Date	Expense / Description	Category	Amount	How Was It Paid (credit, cash, check, other)	Planned Y N
				cr ca ch o	☐ ☐
				cr ca ch o	☐ ☐
				cr ca ch o	☐ ☐
				cr ca ch o	☐ ☐
				cr ca ch o	☐ ☐
				cr ca ch o	☐ ☐
				cr ca ch o	☐ ☐
				cr ca ch o	☐ ☐
				cr ca ch o	☐ ☐
				cr ca ch o	☐ ☐
				cr ca ch o	☐ ☐
				cr ca ch o	☐ ☐
				cr ca ch o	☐ ☐
				cr ca ch o	☐ ☐
				cr ca ch o	☐ ☐
				cr ca ch o	☐ ☐
	Total Expenses				

Notes

THE *Expense* TRACKER

Tracker For: _____

Date	Expense / Description	Category	Amount	How Was It Paid (credit, cash, check, other)	Planned Y N
				cr ca ch o	☐ ☐
				cr ca ch o	☐ ☐
				cr ca ch o	☐ ☐
				cr ca ch o	☐ ☐
				cr ca ch o	☐ ☐
				cr ca ch o	☐ ☐
				cr ca ch o	☐ ☐
				cr ca ch o	☐ ☐
				cr ca ch o	☐ ☐
				cr ca ch o	☐ ☐
				cr ca ch o	☐ ☐
				cr ca ch o	☐ ☐
				cr ca ch o	☐ ☐
				cr ca ch o	☐ ☐
				cr ca ch o	☐ ☐
				cr ca ch o	☐ ☐
	Total Expenses				

Notes

THE *Expense* TRACKER

Tracker For:

Date	Expense / Description	Category	Amount	How Was It Paid (credit, cash, check, other)	Planned Y N
				cr ca ch o	☐ ☐
				cr ca ch o	☐ ☐
				cr ca ch o	☐ ☐
				cr ca ch o	☐ ☐
				cr ca ch o	☐ ☐
				cr ca ch o	☐ ☐
				cr ca ch o	☐ ☐
				cr ca ch o	☐ ☐
				cr ca ch o	☐ ☐
				cr ca ch o	☐ ☐
				cr ca ch o	☐ ☐
				cr ca ch o	☐ ☐
				cr ca ch o	☐ ☐
				cr ca ch o	☐ ☐
				cr ca ch o	☐ ☐
				cr ca ch o	☐ ☐
				cr ca ch o	☐ ☐
	Total Expenses				

Notes

THE *Expense* TRACKER

Tracker For:

Date	Expense / Description	Category	Amount	How Was It Paid (credit, cash, check, other)	Planned Y N
				cr ca ch o	☐ ☐
				cr ca ch o	☐ ☐
				cr ca ch o	☐ ☐
				cr ca ch o	☐ ☐
				cr ca ch o	☐ ☐
				cr ca ch o	☐ ☐
				cr ca ch o	☐ ☐
				cr ca ch o	☐ ☐
				cr ca ch o	☐ ☐
				cr ca ch o	☐ ☐
				cr ca ch o	☐ ☐
				cr ca ch o	☐ ☐
				cr ca ch o	☐ ☐
				cr ca ch o	☐ ☐
				cr ca ch o	☐ ☐
				cr ca ch o	☐ ☐
				cr ca ch o	☐ ☐
	Total Expenses				

Notes

THE Expense TRACKER

Tracker For:

Date	Expense / Description	Category	Amount	How Was It Paid (credit, cash, check, other)	Planned Y N
				cr ca ch o	☐ ☐
				cr ca ch o	☐ ☐
				cr ca ch o	☐ ☐
				cr ca ch o	☐ ☐
				cr ca ch o	☐ ☐
				cr ca ch o	☐ ☐
				cr ca ch o	☐ ☐
				cr ca ch o	☐ ☐
				cr ca ch o	☐ ☐
				cr ca ch o	☐ ☐
				cr ca ch o	☐ ☐
				cr ca ch o	☐ ☐
				cr ca ch o	☐ ☐
				cr ca ch o	☐ ☐
				cr ca ch o	☐ ☐
				cr ca ch o	☐ ☐
	Total Expenses				

Notes

THE *Expense* TRACKER

Tracker For:

Date	Expense / Description	Category	Amount	How Was It Paid (credit, cash, check, other)	Planned Y N
				cr ca ch o	☐ ☐
				cr ca ch o	☐ ☐
				cr ca ch o	☐ ☐
				cr ca ch o	☐ ☐
				cr ca ch o	☐ ☐
				cr ca ch o	☐ ☐
				cr ca ch o	☐ ☐
				cr ca ch o	☐ ☐
				cr ca ch o	☐ ☐
				cr ca ch o	☐ ☐
				cr ca ch o	☐ ☐
				cr ca ch o	☐ ☐
				cr ca ch o	☐ ☐
				cr ca ch o	☐ ☐
				cr ca ch o	☐ ☐
				cr ca ch o	☐ ☐
	Total Expenses				

Notes

www.ingramcontent.com/pod-product-compliance
Lightning Source LLC
Chambersburg PA
CBHW060854220526
45466CB00003B/1369